*Este libro está dedicado especialmente a
Rye, Bud, Karen, Gay y Alden Vervaet,
quienes guardaron la tierra en su memoria
tal como era entonces y nos la han devuelto
para ser amada por todos.
Con particular agradecimiento a Mag-la-Que,
Mahte-Topah y Miyaca.*

Publicado por Dial Books
Una división de Penguin Books USA Inc.
375 Hudson Street · Nueva York, Nueva York 10014

© Susan Jeffers, 1991
Reservados todos los derechos. Impreso en Hong Kong
Diseño de Atha Tehon
Derechos de la traducción © Dial Books,
una división de Penguin Books USA Inc., 1996
3 5 7 9 10 8 6 4 2

Library of Congress Cataloging in Publication Data
Seattle, Chief, 1790–1866.
[Brother eagle, sister sky. Spanish]
Hermana águila, hermano cielo: un mensaje del Jefe Seattle /
ilustraciones de Susan Jeffers.   p.   cm.
ISBN 0-8037-1661-3
1. Indians of North America—Land tenure—Juvenile literature.
2. Suquamish Indians—Land tenure—Juvenile literature. 3. Human ecology—
Juvenile literature. [1. Suquamish Indians—Land tenure.
2. Indians of North America—Land tenure. 3. Human ecology.
4. Ecology. 5. Environmental protection. 6. Spanish language materials.]
I. Jeffers, Susan, ill. II. Title.
E98.L3S3918   1996   811'.3—dc20   95-13925   CIP   AC

*Las ilustraciones a todo color se prepararon con pluma de punta fina
utilizando tinta y tintes, los cuales se aplicaron a dibujos a lápiz
detallados que luego se borraron. La ilustración de la sobrecubierta
se basó en una fotografía por Edward Curtis.*

Edición en inglés disponible

Hermana Águila, Hermano Cielo

Un mensaje del Jefe Seattle

Ilustraciones de **SUSAN JEFFERS**

Dial Books *Nueva York*

En tiempos remotos, tan lejanos que casi todas sus huellas han sido ya borradas por el polvo de la pradera, existía un antiguo pueblo que era parte de la tierra que amamos y a la que llamamos los Estados Unidos de América. Habiendo vivido allí por miles de años, sus descendientes fueron formando las grandes civilizaciones indígenas de los choctaw, cheroquíes, navajos, iroqueses y siux, entre muchas otras. Más tarde, los colonos blancos procedentes de Europa iniciaron una guerra sangrienta contra los aborígenes y, en el lapso de una generación, se apoderaron de todas sus tierras, cediéndoles solamente pequeñas extensiones de terreno en donde pudieran seguir viviendo.

Hacia el final de las últimas guerras contra los indios, uno de los más valerosos y respetados jefes de las naciones aborígenes del Noroeste, el Jefe Seattle, se sentó a una mesa del hombre blanco para firmar un documento presentado por el nuevo Comisionado de Asuntos Indígenas del Territorio. El gobierno de Washington, D.C., deseaba comprar las tierras de la gente del Jefe Seattle.

Con aspecto imponente y ojos que reflejaban la grandeza de su alma, el Jefe se puso de pie y habló ante la asamblea con sonora voz.

¿Cómo puede uno comprar el cielo?,
dijo el Jefe Seattle.
¿Cómo puede uno poseer la lluvia y el viento?

Mi madre me dijo:
Cada pedazo de esta tierra
es sagrado para nuestro pueblo.
Cada aguja de pino y cada orilla arenosa,
cada neblina en los bosques sombríos,
cada prado y cada insecto zumbante,
todos son sagrados en la memoria de nuestro pueblo.

Mi padre me dijo:
Conozco la savia que corre por el árbol
como conozco la sangre que fluye por mis venas.
Somos parte de la tierra y ella es parte de nosotros.
Las flores perfumadas son nuestras hermanas.

El oso, el ciervo, el águila majestuosa... son nuestros hermanos.

Las cumbres rocosas, la pradera,
los caballos… todos son de la misma familia.

La voz de mis antepasados me habló así:
El agua cristalina de los arroyos y los ríos
no es simplemente agua, es la sangre de tu tatarabuelo.
Cada espectral reflejo en las aguas de los lagos
relata recuerdos de la vida de nuestro pueblo.
El murmullo del agua es la voz de tu tatarabuela.
Los ríos son nuestros hermanos. Ellos nos sacian la sed,
transportan nuestras canoas y alimentan a nuestros hijos.
Debes tratar a los ríos con la misma bondad
con que tratarías a un hermano.

La voz de mi abuelo me dijo:
El aire es maravilloso. Comparte su espíritu
con toda la vida que sustenta. El viento que me diera
mi primer aliento también recibió mi último suspiro.
Debes mantener separados a la tierra y el aire,
como lugares sagrados donde poder acudir
a disfrutar del viento endulzado por las flores de los prados

Cuando el último hombre y la última mujer de piel roja
hayan desaparecido con la tierra virgen, y su recuerdo sea sólo
la sombra de una nube cruzando la pradera,
¿existirán aún el bosque y las tierras?
¿Quedará algo del espíritu de mi gente?
Mis antepasados me dijeron: Esto sabemos:
La tierra no nos pertenece. Nosotros pertenecemos a la tierra.

La voz de mi abuela me dijo:
Enseña a tus hijos lo que te han enseñado a ti.
La tierra es nuestra madre.
Lo que a la tierra le suceda, les sucederá a todos
sus hijos.

Escucha mi voz y la de mis antepasados,
dijo el Jefe Seattle.
El destino de nuestro pueblo es para nosotros un misterio.
¿Qué sucederá cuando los búfalos hayan sido exterminados?
¿Y los caballos salvajes, domados?
¿Qué sucederá cuando los más recónditos lugares del bosque
estén saturados del olor de demasiados hombres?

¿Cuando la vista de las maduras colinas se manche de cables
que llevan voces?
¿Dónde estará la espesura? Perdida.
¿Dónde estará el águila? Desaparecida.
¿Y qué ocurrirá cuando digamos adiós al veloz caballo
y a la caza?
Habremos dejado de vivir para sólo sobrevivir.

Esto sabemos:

Todas las cosas están unidas como la sangre que nos une.

Nosotros no urdimos el tejido de la vida,

sólo somos una hebra de su trama.

Lo que hagamos al tejido, lo haremos a nosotros mismos.

Amamos a esta tierra como el recién nacido
ama los latidos del corazón materno.
Si te vendemos nuestra tierra, cuídala
como nosotros la hemos cuidado.
Guarda en tu mente la memoria de la tierra tal como la recibes.
Conserva la tierra con su aire y sus ríos para los hijos
de tus hijos, y ámala como nosotros la hemos amado.

El origen de las palabras del Jefe Seattle se oscurece en la bruma del tiempo. Algunos le atribuyen la forma de una carta; otros, de un discurso. Lo que se sabe con certeza es que el Jefe Seattle fue un líder respetado y pacífico de una de las naciones indias del Noroeste. A mediados de la década de 1850, cuando el gobierno de Washington, D.C., hizo saber que deseaba comprar las tierras de su gente exhausta y derrotada, el Jefe Seattle respondió en su lengua materna, con una elocuencia natural derivada de la tradición oral.

Sus palabras fueron transcritas por el Dr. Henry A. Smith, quien lo conocía bien, y esa transcripción fue interpretada y escrita de nuevo más de una vez en este siglo. Joseph Campbell adaptó el mensaje del Jefe Seattle y lo difundió a un público más amplio al presentarse en la serie televisiva de Bill Moyers, en el PBS (*Public Broadcasting System*), así como en el libro *The Power of Myth* (*El poder del mito*). Yo también he adaptado el mensaje del Jefe Seattle para este libro, *Hermana Águila, Hermano Cielo.* Lo importante es que las palabras del Jefe Seattle inspiraron —y siguen inspirando— una verdad indiscutible: que en nuestro afán de construir y poseer podemos perder todo cuanto tenemos.

Nos hemos retrasado en tomar conciencia del medio ambiente, pero hubo un mensaje extraordinario pregonado hace un siglo por muchos de los grandes jefes aborígenes de los Estados Unidos de América, entre ellos Alce Negro, Nube Roja y Seattle.

Todos los pueblos indígenas de América del Norte consideraban sagrada cada criatura y región de la tierra; era su creencia que agotar o destruir la naturaleza y sus maravillas equivalía a destruir la vida misma. Sus palabras no fueron comprendidas en aquel entonces. Ahora ellas nos perturban. Ahora se han convertido en realidad, y debemos escuchar antes de que sea demasiado tarde.

Susan Jeffers